Sœur Marie
DE
JÉSUS CRUCIFIÉ

SIMPLE ESQUISSE

PAR

Lady HERBERT

Opuscule traduit librement de l'anglais avec l'autorisation de l'auteur

TROISIÈME ÉDITION

MONTPELLIER

Baron-Ramadié | Manufacture de la Charité
du Palais   *Rue Barralerie, 3*

M DCCC XCVIII

TOUS DROITS RÉSERVÉS

SŒUR MARIE
DE
JÉSUS CRUCIFIÉ

IMPRIMATUR

Montpellier, le 6 février 1898.

† Fr.-Marie-Anatole,
Evêque de Montpellier.

SŒUR MARIE

DE

JÉSUS CRUCIFIÉ

SIMPLE ESQUISSE

PAR

Lady HERBERT

―――

Opuscule traduit librement de l'anglais avec l'autorisation de l'auteur

―――

TROISIÈME ÉDITION

MONTPELLIER
MANUFACTURE DE LA CHARITÉ
—
M DCCC XCVIII
—
TOUS DROITS RÉSERVÉS

DÉCLARATION

« ..... Avant de commencer cette exquisse, je déclare que si je me sers des termes *saints, miracle, surnaturel,* c'est parce que ces mots sont les seuls qui traduisent fidèlement ma pensée. Loin de vouloir par là prévenir la décision de la Sainte Eglise, j'abandonne le tout à son jugement et à celui de l'Ordinaire, jugement auquel je me ferai toujours une gloire d'acquiescer avec l'aide de Dieu. »

(Extrait du manuscrit du R. P. Pierre ESTRATE, sur la *Vie de Sœur Marie de Jésus Crucifié.*)

PRÉFACE

Cette brième notice sur la vie de Sœur Marie de Jésus Crucifié est extraite de divers documents soigneusement conservés aux monastères des Carmélites de Pau et de Bethléem. Ils ont été rassemblés par son confesseur, le R. P. Estrate, sur l'invitation de Mgr Ducellier, Évêque de Bayonne, au commencement de l'année 1879.

J'y ai ajouté certains détails puisés dans les notes d'un prêtre anglais qui a beaucoup connu la servante de Dieu et qui a bien voulu m'adresser la lettre suivante :

« Je m'intéresse au plus haut point à votre publication de la vie de cette âme merveilleusement privilégiée, et je n'ai qu'un désir, celui de vous aider de façon ou d'autre à publier cette esquisse d'une personne à qui je dois un tribut d'éternelle reconnaissance.

» Véritablement vous faites une grande œuvre, car, en ces jours d'indifférence, nous avons besoin d'un exemple aussi frappant d'héroïsme pour réveiller notre foi endormie, et pour ranimer notre amour des choses éternelles. Qu'il a dû être fort, ardent, cet amour de Dieu, qui allait jusqu'à soulever la sœur, sans qu'elle pût opposer la moindre résistance ! Ce souvenir m'humilie profondément.

» Oh! priez, pour qu'une étincelle du feu de l'amour divin tombant sur notre cœur, nous devenions tous plus fervents. »

VIII

Qu'il en soit ainsi pour tous ceux qui liront cette vie si courte et pourtant si touchante !
C'est le vœu le plus ardent de l'écrivain.

Marie-Elisabeth Herbert,
Herbert-House, Belgrave-Square.

Londres, Mars 1887.

SŒUR MARIE
DE
JÉSUS SACRIFIÉ

CHAPITRE Ier

DE nos jours, à une époque d'ailleurs très crédule, rien n'est fréquent comme de rencontrer des hommes qui nient le surnaturel.

Infatués d'eux-mêmes, ne voulant croire que ce qu'ils comprennent, ces prétendus intellectuels refusent à Dieu la faculté de suspendre ses propres lois, de les modifier, en un mot de faire des miracles.

Pas davantage, ils n'admettent l'existence de Satan et son action dans le monde.

A toutes ces dénégations, Dieu ne cesse de répondre par des faits éclatants, indiscutables; dans un but facile à saisir, il multiplie les preuves. Celle qui se dégage des pages suivantes nous paraît simplement merveilleuse.

A nos lecteurs d'en juger.

Le 5 janvier 1846 naissait au village d'Abbelyn, non loin de Nazareth, l'âme privilégiée, objet de cette notice. Son père se nommait Georges Baourdi, et sa mère Maria Chalyn. Originaires de Damas, mais descendus de la partie Maronite du Mont Liban, ces pieux chrétiens avaient en maintes circonstances cruellement souffert pour la foi. Condamnés à l'exil, déchus de leur rang et de leur fortune, ils devaient encore pleurer la perte de douze enfants morts en bas âge.

Comme ils furent venus se fixer en Palestine, Georges et son épouse firent à pied un pèlerinage à Bethléem, pour obtenir une petite fille, promettant à Dieu, s'il exauçait leurs prières, de la consacrer à Sainte Vierge et de l'appeler Marie.

Leur confiance ne fut pas trompée. Le Ciel accorda cette enfant de bénédiction. Un garçon qui la suivit de près reçut au baptême le nom de Paul.

Pauvres petits, tout jeunes encore ils allaient connaître la douleur ! Leurs parents moururent emportés en peu de jours par une fièvre maligne. Mystérieusement averti de sa fin prochaine, le vertueux exilé fit approcher ses enfants, les bénit, et les ayant voués à la Vierge et à saint Joseph, il s'endormit sans regrets dans le Seigneur.

Devenus orphelins, le frère et la sœur durent se séparer. Un oncle paternel adopta la petite Marie, tandis que Paul trouvait asile chez une de ses tantes. L'oncle était un excellent homme ; possesseur d'une belle fortune, il la dépensait noblement, consacrant des sommes considérables à racheter des esclaves, qu'il faisait baptiser et élever en chrétiens. Il ne tarda pas à découvrir quel trésor il abritait sous son toit dans la personne de sa nièce. Marie, en effet, ne ressemblait en rien aux autres enfants de son âge.

La prière et les œuvres de charité étaient son unique plaisir. Dans la nature, tout lui parlait de Dieu, et elle se plaisait à admirer la bonté divine même dans les êtres chétifs de la création. On raconte de son enfance nombre de traits charmants, qui témoignent de son innocence et de son admirable simplicité. La situation brillante de son parent l'obligeait à une mise élégante et recherchée ; elle s'en plaignait parfois à une négresse dont elle recevait les soins et qui lui était très dévouée. « Je ne conçois pas », lui dit-elle un jour, « qu'on puisse dépenser tant d'argent pour orner un corps destiné à devenir sitôt la pâture des vers. »

Les pensées de la foi lui étaient famillières.

Elle fuyait les jeux et les réunions d'enfants, pour se retirer en quelque lieu tranquille et y prier. Un soir qu'on ne savait ce qu'elle était devenue, on la trouva étendue, au grand dommage de sa jolie robe blanche, dans une fosse qu'elle avait creusée, ce qui excita fort le courroux de la soigneuse négresse.

Grande était sa dévotion pour la Sainte Vierge, qu'elle appelait sa « *Bonne Mère.* » Elle ne manquait jamais de déposer devant son image les fleurs les plus belles et les plus parfumées. Ces fleurs, les serviteurs en furent témoins, prirent plusieurs fois racine dans le vase qui les contenait, ou bien conservèrent — chose non moins étonnante, — indéfiniment leur fraîcheur. Ainsi la Vierge semblait montrer combien lui étaient agréables les dons de sa petite servante.

Par une délicieuse matinée, tandis que Marie déjeunait au jardin, un énorme serpent vint se glisser tout près d'elle. C'était un reptile de l'espèce la plus venimeuse. Ceux qui le virent furent saisis de crainte. Mais elle, nullement effrayée, lui dit : « Toi aussi tu es une créature du bon Dieu, viens donc et mange avec moi. » Et de ses petites mains saisissant la tête du monstre, elle la plongea à plusieurs reprises dans le vase de lait qu'on lui avait servi. Peu après, le reptile s'éloignait tranquillement, sans causer du mal à personne. En vérité, n'est-ce pas ici la réalisation de cette parole : « Tout est soumis à qui aime Dieu d'un cœur parfait ? »

Dans une autre circonstance, Marie vit en songe, un homme qui vendait au cuisinier de la maison un poisson empoisonné. Elle ne pensait plus à son rêve, quand, un jour, on servit à table un gros poisson : « N'y touchez pas, s'écria-t-elle ! » et aussitôt, elle raconta aux convives étonnés ce qu'elle avait rêvé. On ouvrit le poisson et l'on y trouva quelques restes d'une vipère dont le venin, des plus dangegeux, aurait probablement donné la mort à tous les invités.

La chère enfant aimait beaucoup l'ordre et la propreté. Une de ses plus douces récréations était de soigner de jolis oiseaux qu'on lui avait donnés. Un jour, il lui vint en l'idée que ses petits amis ne se lavaient jamais. La-dessus elle les prend, les savonne fortement, et, la toilette finie, les remet dans leur cage. Quand elle revint, hélas ! ils étaient morts. Son chagrin fut grand et elle pleura beaucoup. Faisant ensuite un trou dans le jardin, elle y déposa les pauvres victimes de son ingénuité. — Comme elle les considérait une dernière fois, elle entendit une voix lui dire : « Il en est ainsi de toutes les créatures : elles passent. Si tu veux me donner ton cœur, je te resterai toujours. » Ces paroles se gravèrent dans son esprit à tout jamais, et très souvent elle les répétait aux personnes de son entourage.

Cependant Marie venait d'atteindre sa huitième année. Depuis un an déjà, elle se confessait toutes les semaines, et passait plusieurs heures consécutives au pied du tabernacle, dans l'église de sa paroisse. Mais cela ne lui suffisait pas. Elle soupirait sans cesse après le bonheur de la Sainte Communion : hélas ! à son grand chagrin son confesseur la trouvait trop jeune, et lui disait qu'il fallait prendre patience, attendre encore un an ou deux. Un jour vint cependant où sa joie et sa reconnaissance ne connurent pas de bornes : son confesseur lui avait accordé par mégarde la faveur si ardemment sollicitée. Lorsque le bon Père s'aperçut de sa méprise, il n'osa pas revenir sur sa parole : mais, comprenant les desseins de Dieu sur cette enfant, il lui permit de s'approcher de la Table Sainte en secret, tous les huit jours, autorisation dont elle usa jusqu'à l'âge de douze ans. A cette époque, son oncle, ignorant ce qui se passait, désira qu'elle fît sa première communion. La chère petite obéit, et dès lors, elle n'eut plus besoin de se cacher pour recevoir son doux Jésus. Ses aspirations vers le Ciel et ses désirs d'une vie plus parfaite allaient croissant. Elle ne laissait pas néanmoins que d'étudier en compagnie de ses cousins et de remplir ses devoirs journaliers, de telle sorte, qu'en dehors de son confesseur personne n'eût soupçonné les élans mystérieux de ce petit cœur, de cette âme si pure. Que de fois elle demanda le martyre, afin de souffrir quelque chose pour le Seigneur! Cette prière allait être bientôt exaucée.

En ce temps-là, et pour des motifs demeurés inconnus, son oncle quitta la Palestine, et vint s'établir avec tous les siens à Alexandrie. Naturellement sa pupille l'y suivit. Que se passa-t-il dans cette ville ? A quels évènements Marie se trouva-t-elle mêlée ? C'est ce que l'on racontera au chapitre suivant.

CHAPITRE II

MARIE avait environ quatorze ans, lorsque, selon la coutume de ces pays, ses parents songèrent à la fiancer. Ils firent choix d'un de ses cousins éloignés, un Maronite, dont la propriété était contiguë à la sienne ; de cette manière, les deux fortunes seraient réunies sur une seule tête. Tout d'abord l'enfant parut plus ou moins indifférente à cette combinaison. Mais comme le jour de ses fiançailles approchait, sa tante jugea qu'il était de son devoir de l'instruire de la nature et des obligations du mariage. A cette communication, Marie, qui avait depuis longtemps voué sa virginité à Dieu, fut remplie d'épouvante. Elle protesta avec énergie et supplia qu'on voulût bien lui permettre de se consacrer totalement au Seigneur. Sa tante, on pouvait s'y attendre, se rit d'elle et lui signifia qu'il fallait obéir. Dans ce grand embarras, Marie se prosterna jusqu'à terre, répandant des torrents de larmes, et conjurant Notre-Dame de venir à son secours. « Ne crains pas, Marie », lui dit alors une voix, « je suis tou-

jours près de toi. Suis mon inspiration, et je t'aiderai. »
Soudain la pauvre enfant se relève pleine de force,
et sur-le-champ coupe sa longue et superbe chevelure. Le voile qu'elle portait cacha aux yeux de tous
le sacrifice qu'elle venait d'accomplir. Au soir de ce
même jour, eut lieu un grand festin, en l'honneur
de ses noces prochaines. L'évêque et plusieurs prêtres s'y trouvaient invités avec les parents des deux
familles. C'était l'usage que la fiancée offrît elle-même, en cette circonstance, le café aux convives ;
à cette occasion elle devait être magnifiquement
parée et couverte de ses joyaux. Marie s'avança
donc ; mais, au lieu de café, elle présenta sur le
plateau ses cheveux entrelacés de ses bijoux. Saisi
d'indignation, l'oncle la souffleta rudement. Les
hôtes pour qui cette démarche de Marie n'était qu'un
accès d'enthousiasme, de ferveur momentanée, la
supplièrent de se montrer docile aux désirs de ses
parents. L'évêque lui-même l'exhorta à consentir à
ce mariage. « Non, répondit-elle avec fermeté, non,
je ne puis me marier, car je me suis donnée à J.-C.
pour toujours. »

Alors commencèrent pour la chère petite des
épreuves exceptionnelles. Elle fut traitée comme
une mercenaire et mise à la cuisine. Les domestiques et les esclaves reçurent l'ordre de la commander et de ne l'épargner en rien. On en vint à lui

interdire de paraître à l'église et de recevoir les Sacrements. De toutes ses souffrances, ce fut la plus dure. L'héroïque enfant néanmoins demeura inflexible. Que dis-je ? elle se sentit le cœur plein d'allégresse, parce qu'on lui permettait de témoigner ainsi son amour à Celui qu'elle avait choisi pour époux. Cette situation dura trois mois entiers. Ce fut à cette époque que, pressée de voir son frère, elle lui écrivit de venir. Sa visite, pensait-elle, améliorerait peut-être cet état de choses. Elle porta elle-même sa missive à un Turc, serviteur de son oncle, qui habitait tout proche et qui devait le lendemain se rendre à la demeure de Paul. Après avoir donné sa commission, l'orpheline voulait se retirer ; mais le Turc, ainsi que sa femme, firent tant d'instances pour la retenir à souper qu'elle ne put s'en défendre. Pendant le repas, le musulman amena l'entretien sur la religion, et, tout en s'apitoyant sur le sort de Marie, il se mit à parler en termes injurieux de l'Evangile. Il alla même jusqu'à proposer à la jeune fille d'embrasser le culte de Mahomet. Une semblable proposition révolta Marie. A son tour, elle parla avec mépris de l'Islamisme, ajoutant : « Je suis fille de l'Eglise catholique, apostolique et romaine ; avec la grâce de Dieu, j'espère persévérer jusqu'à la fin dans une religion qui est la seule vraie. » A ces mots, le musulman n'y tient plus. Il se précipite sur Marie, la renverse, et la frappe violemment du talon de sa botte; puis, saisissant son cimeterre, il lui tranche en partie la tête. Effrayé du crime qu'il vient de commettre, et bien convaincu que sa victime est morte, il l'enveloppe en toute hâte d'un grand voile et s'en va la jeter dans une rue déserte, tandis que la nuit le favorisait de son ombre. Ceci se passait le 8 septembre 1859. Marie garda toute sa vie la cicatrice de cette horrible blessure, et un des os du cou lui manqua désormais, comme l'ont constaté plusieurs médecins.

Ce qu'il advint de la pauvre enfant, traitée d'une façon si cruelle, Dieu seul le sait. Elle ne se rappela de rien, si ce n'est d'avoir cru mourir. Elle aurait aperçu alors, comme dans une extase, notre Divin Sauveur, sa Bienheureuse Mère, les Saints et les Anges. « Il n'y avait », disait-elle, en décrivant cette scène, « il n'y avait en ce lieu ni soleil, ni lampe, et pourtant tout y resplendissait d'une lumière divine. » Puis, Notre-Seigneur lui aurait dit : « Votre page n'est pas encore finie, vos labeurs ne sont pas terminés; il vous faut retourner sur la terre. » Après quoi la vision se serait évanouie.

Lorsqu'elle reprit ses sens, Marie se trouvait dans une sorte de salle basse, couchée sur un lit et soignée par une dame qu'elle prit pour une religieuse, car elle était vêtue de blanc et de bleu. Cette dame, extrêmement affable, pansait sa blessure et la veillait jour et nuit. Marie était si faible, qu'elle ne pouvait parler ou demander quoi que ce fût; avec cela rien ne lui manquait. On lui donnait surtout une sorte de breuvage d'un goût délicieux, et qui paraissait à lui seul la ramener à la vie.

Cependant la convalescense était venue. La dame, trouvant sa protégée assez forte, lui prédit, après lui avoir raconté les détails de son martyre, tout ce qui devait lui arriver dans la suite. Elle lui confia qu'elle aurait à passer par de nombreuses et terribles épreuves, que le démon la tenterait et la tourmenterait cruellement, mais qu'elle triompherait de ses attaques par l'humilité et l'obéissance. « Vous irez en France, poursuivit-elle, et vous entrerez, sans toutefois y rester, dans un couvent de ce pays. Reçue plus tard dans une autre communauté, vous y serez seulement comme novice ; votre profession devant avoir lieu dans une autre contrée. Cela fait, vous passerez en Terre Sainte, où vous mourrez trois ans après de la mort des prédestinés. » A ces communications, la dame en ajouta d'autres de moindre importance que Marie oublia, jusqu'à ce que les évènements eux-mêmes vinssent les lui rappeler.

Quand la malade fut entièrement rétablie, sa protectrice la conduisit dans une église pour s'y confesser. La chère petite s'empressa d'obéir. Mais, au sortir du confessionnal, elle s'aperçut que sa bonne et si affectueuse garde-malade avait disparu, et jamais plus elle ne la revit sur terre. Ce fut pour Marie un grand chagrin. Qu'allait-elle devenir, privée d'un tel appui ? — La Providence y avait pourvu. Le prêtre auquel elle s'était adressée, et qu'avait frappé cette nature d'élite, parla de sa pénitente à Mgr Adallah, pour lors de passage à Alexandrie. Celui-ci désira faire la connaissance de la jeune fille.

Le lendemain matin à peine eut-elle paru à l'église, qu'il l'envoya chercher. Sous le sceau du secret, Marie lui raconta tout ce qu'on vient de lire. Le pieux évêque lui proposa le pèlerinage de Jérusalem, s'offrant à la prendre sous sa protection. L'enfant accepta de grand cœur, et c'est ainsi qu'elle put visiter les Lieux Saints. Dans ce voyage, il lui fut donné, à l'exemple de sainte Françoise Romaine, de voir sous une forme humaine un ange qui l'accompagnait et qui lui fit, en la quittant, diverses prédictions.

Le pèlerinage achevé, l'évêque engagea Marie à le suivre à Rome, où il s'occuperait de la faire admettre dans une maison religieuse. La chère petite n'eût pas mieux demandé ; la pensée de son frère Paul la retint. Sur ces entrefaites, ayant appris qu'il était parti pour Saint-Jean-d'Acre, elle n'hésita pas à s'embarquer pour cette destination. Mais voilà qu'une tempête furieuse éclate et la rejette dans le port d'Alexandrie. Craignant d'être reconnue, elle changea d'habits, et prit le costume d'une servante. C'est en cette qualité, qu'elle entrait bientôt au service d'un riche marchand de la ville. Quelque soin qu'elle mît à se cacher, sa sainteté extraordinaire ne perçait pas moins. Ses maîtres la traitèrent avec tant d'estime et de considération, qu'elle résolut de les quitter. Alors elle alla servir une dame quelque peu alliée à sa famille et dont elle n'était pas connue. Pendant trois mois, Marie entendit continuellement parler de sa disparition, et du désespoir des siens qui se reprochaient de l'avoir occasionnée. Elle sentait qu'elle n'avait qu'à dire un mot pour être reçue à bras ouverts. Pareille à un autre Alexis elle se tut, préférant une vie d'humiliations et de mortifications à son opulence d'autrefois. Un jour, en particulier, sa maîtresse lui lut une lettre du cousin que Marie aimait le plus. Celui-ci déplorait sa perte. « Jamais, disait-il, mon père ne se pardonnera d'avoir chassé de sa maison celle qu'il appelait « l'*Ange* »; puis il ajoutait : « Je sens qu'elle doit être morte ; sans cela nous aurions eu certainement de ses nouvelles. » En parcourant ces lignes, la dame pleurait et Marie pleurait aussi. Toute surprise, sa maîtresse la regarde et lui demande la raison de ses larmes : « Je pleure par sympathie », répond la jeune fille, évitant ainsi de se trahir. Peu de temps après, sachant que sa tante devait arriver, ses craintes d'être découverte reparurent. Elle prit donc congé de sa maîtresse et s'en vint loger chez une famille pauvre près du port.

Cependant, le souvenir de Paul la poursuivant toujours, elle voulut une fois encore partir pour Saint-Jean-d'Acre. Elle oubliait qu'elle ne devait plus revoir son frère, selon la prédiction de la dame mystérieuse. Au reste, Dieu disposait tout pour l'accomplissement de ses desseins.

De nouveau, le temps devint si mauvais que le bateau ne put tenir la mer et fut contraint de relâcher à Beyrouth. Dénuée de ressources, Marie dut se placer chez un honorable médecin de cette ville, Celui-ci reconnut bien vite les rares qualités de sa pieuse servante; Dieu la bénissait et tout prospérait entre ses mains, lorsqu'elle devint subitement aveugle. Les meilleurs oculistes consultés déclarèrent le mal incurable. Au bout de quarante jours néanmoins, à la grande stupéfaction de tout le monde, la cécité disparut. Longtemps la miraculée garda le silence sur l'origine de cette cure étonnante. Elle finit cependant par confier à son confesseur que, Notre Seigneur lui ayant touché les yeux, tandis qu'elle dormait, elle s'était trouvée à son réveil entièrement guérie.

Dans une autre circonstance, elle tomba du haut d'une terrasse sur un tas de pierres et se fractura les membres, au point que l'on désespéra de sa vie. On la porta dans son lit. Mais cette nuit même, la Sainte Vierge, resplendissante de lumière, vint à elle et la guérit en lui imposant les mains. Au lieu de tirer vanité de ces faveurs célestes, elle les tenait secrètes et recommandait aux personnes de son entourage d'en faire autant. La Sainte Vierge lui indiqua tout spécialement, à cette occasion, la pratique de trois vertus : une obéissance aveugle, une parfaite charité, un abandon absolu à la volonté de Dieu.

La chère petite fit, à quelque temps de là, un second pèlerinage à Jérusalem. Pendant son séjour dans la Cité Sainte, un vol fut commis dans la maison où elle habitait; soupçonnée dans être l'auteur elle fut conduite en prison. Dans cette épreuve son unique consolation était de penser qu'elle était humiliée et honnie dans l'endroit même où le Seigneur avait tant souffert. Le lendemain, cependant, son innocence ayant été reconnue, Marie put regagner Beyrouth. De ce jour, sa sainteté et ses miracles ne furent plus un secret, et l'on en parla dans toute la Terre Sainte. L'efficacité de sa parole n'était pas moins avérée. Dieu s'en servit pour convertir beaucoup d'âmes, entre autres, celles de quatre jeunes gens. Avant son départ, Marie eut la joie de les voir entièrement changés. Elle n'eut pas le même succès auprès d'une jeune femme à qui elle dévoilait son inconduite. Outrée de ces réprimandes, celle-ci s'emporta jusqu'à frapper Marie ; mais son bras se desséccha instantanément. La coupable n'en recouvra l'usage que grâce à l'intercession de son innocente victime.

Le bruit causé par ces derniers prodiges fut tel, qu'il décida l'humble enfant à quitter Beyrouth, et à suivre une certaine dame Nadjiar qui se rendait en France. Elle pensait par là se rapprocher du couvent qui devait l'abriter tout d'abord, comme on le lui avait prédit. Marie partit donc avec sa nouvelle maîtresse, et, dans le courant de mai 1863, elle débarquait heureusement à Marseille.

CHAPITRE III

Dans cette ville, Marie, pendant la première année, mena à peu de chose près la même vie qu'à Beyrouth. Debout dès quatre heures du matin, la pieuse enfant s'empressait de quitter sa demeure pour gravir la colline escarpée que couronne Notre-Dame-de-la Garde. La messe entendue, elle se mettait à l'ouvrage avant que les autres serviteurs fussent levés, s'acquittant parfois de leur tâche, comme si la sienne n'eût pas suffi. Dans ses visites à Notre-Dame, il lui arriva souvent de se voir suivie par un vieillard qu'un petit enfant tenait par la main. Fatiguée de ces assiduités, elle se retourne brusquement un jour vers l'inconnu, et d'un ton qui n'admettait pas de réplique : « Que me voulez-vous, dit-elle, et que signifient ces poursuites ? Si c'est pour vous marier, vous pouvez chercher ailleurs ! » — « Je ne l'ignore pas », répondit le vieillard sans se déconcerter, « car vous êtes promise à Dieu ; vous devez même aller au couvent, et je veille sur vous jusqu'à ce que vous y soyez. » Quel pouvait être ce protecteur si vigilant et si dévoué ? Nul autre, on le sut plus tard, que le glorieux Saint Joseph.

Et cette étonnante faveur ne fut pas la dernière : un dimanche, après avoir reçu l'adorable Eucharistie, elle tomba dans une extase qui dura quatre jours. Contrainte, au nom de l'obéissance, d'en révéler les secrets, elle raconta qu'une Vierge l'avait conduite au Ciel, au Purgatoire et en Enfer. Puis elle fit un tableau saisissant de tout ce qu'elle avait vu dans ces trois séjours.

Marie avait à ce moment pour confesseur un prêtre Maronite qui desservait l'église Saint-Nicolas-de-Myre. D'après ses conseils, elle se décida à embrasser la vie religieuse. Résolue de n'être qu'une simple sœur converse, elle dut, pour ce motif, renoncer à entrer chez les Filles de la Charité, qui n'en ont pas. S'étant ensuite présentée au monastère des Sœurs de la Compassion et chez les pauvres Clarisses, elle ne fut point admise. Finalement les religieuses de Saint-Joseph-de-l'Apparition, dont elle avait connu la maison à Jérusalem, voulurent bien consentir à la recevoir. Ainsi se trouvait réalisé ce qu'elle avait dit primitivement à son confesseur : « Je dois être l'enfant de Saint Joseph avant de devenir la fille de sainte Thérèse. » Toutefois, avant qu'elle n'allât s'enfermer, Notre-Seigneur lui demanda un sacrifice. Il lui ordonna de jeûner pendant quarante jours au pain et à l'eau, en réparation des péchés de gourmandise qui se commettent dans le monde.

Durant l'année 1865, Marie entra au noviciat, en qualité de sœur converse et fut immédiatement employée comme aide de cuisine. Elle comprenait fort mal le français, à cette époque, de sorte qu'il lui arrivait souvent d'exécuter en sens inverse les ordres qu'on lui donnait. Ces méprises ne faisaient que mettre en relief sa patience et son humilité. En butte aux mauvais traitements de sa compagne, qui s'oublia jusqu'à la frapper, elle garda le silence le plus absolu. Mais Dieu vengea sa fidèle enfant, en révélant à la supérieure la conduite de la malheureuse fille, que l'on chassa avec indignation de la communauté.

Au cours de son noviciat, qui fut de deux ans, on remarqua en sœur Marie une intuition plus grande des consciences ; le don des stigmates, celui de prophétie et des extases bien plus fréquentes qu'auparavant. Sa maîtresse des novices, dame anglaise bien connue de l'écrivain, lui ayant montré une image de Notre-Seigneur prisonnier au Sacrement de nos autels, lui commanda d'aller à la chapelle adorer ce divin captif. Sœur Marie obéit avec joie ; mais à peine se trouva-t-elle en présence du tabernacle que Notre-Seigneur lui apparut avec la Sainte Vierge. La tête, les pieds, les mains et le côté de Notre-

Seigneur paraissaient ensanglantés. Il tenait des charbons ardents qu'il semblait vouloir répandre sur la terre. La Sainte Vierge s'étant jetée à ses pieds dans une attitude suppliante, Jésus lui dit : « Oh ! que mon père est offensé ! » Loin de se décourager, la Vierge redoublait ses prières, et conjurait son divin Fils de ne pas frapper les coupables. « Oh ! infligez-moi », s'écria alors la sœur, « toutes les souffrances que vous voudrez, mais faites miséricorde aux pauvres pécheurs ! » En parlant ainsi, elle s'était jetée à son tour au pied du Divin Maître ; puis, ayant mis ses mains dans le côté sacré du Sauveur, elle les en retira toutes couvertes de sang, à ce point qu'on fut obligé de les laver. Cette extase avait duré plus de onze heures.

De ce jour, le sang coula tous les vendredis du côté gauche de la pieuse novice. Durant la semaine de la Passion, on le vit s'échapper de ses stigmates et de son front, que l'on aurait dit couronné d'épines. Dans la suite, c'est-à-dire pendant le Carême de 1868, les marques des stigmates devinrent plus éclatantes. Sur son cœur se gravèrent trois lettres surmontées d'une croix et disposées ainsi :

☦
O. J. S.

Ces lettres signifiaient : O Jésus sauveur. L'impression des lettres ressortait distinctement sur les linges que l'on y appliquait (1).

Marie s'ingéniait à cacher ces faveurs divines, en quoi ses supérieures l'aidaient volontiers. Dieu ayant permis toutefois que la communauté fût témoin de ces états extraordinaires, il devint dès lors difficile qu'on n'en parlât pas. Ainsi qu'il arrive souvent en pareille occurence, deux partis se formèrent : l'un, celui des incrédules, accusait la novice d'imposture ; l'autre, plus au courant des manifestations de l'Esprit-Saint, non content de croire en l'extatique, la vénérait comme une Sainte.

La controverse s'envenima si bien, qu'on dut imposer silence. Pendant ce temps, sœur Marie suivait humblement sa voie, également indifférente à l'éloge ou au blâme, et ne recherchant de jour en jour autre chose qu'une union plus étroite avec son Céleste Epoux.

Le noviciat de notre Sœur touchait à sa fin, quand elle tomba malade. Aux souffrances physiques se joignirent de grandes peines intérieures. La maîtresse dont nous tenons ces détails dut souvent passer la nuit à son chevet, ce qui l'empêchait de

---

(1) Un de mes amis possède un morceau de ces linges. Je l'ai vu, il porte l'empreinte des lettres et de la Croix. Par lui plusieurs miracles ont été opérés, et ce ne seront pas les derniers, d'après une promesse de Notre-Seigneur.

remplir, comme elle l'aurait voulu, les devoirs de sa charge. « Que ne priez-vous la Sainte Vierge de vous guérir ? » dit-elle un jour à la malade. Là-dessus la novice invoque sa Bonne Mère. O prodige ! elle ne l'a pas plus tôt appelée à son aide, que les forces lui sont rendues. Le lendemain, elle rejoignait ses compagnes, et partageait avec elle les travaux de la maison.

Au temps voulu, le Chapitre se réunit pour savoir s'il y avait lieu d'admettre la Sœur à faire profession. Bien que la Mère Générale se trouvât absente, on crut pouvoir aller aux voix, et l'on décida que la novice serait congédiée, ses états mystiques étant jugés inutiles, dangereux même, pour un institut comme celui de Saint-Joseph-de-l'Apparition, qui comportait tant d'œuvres extérieures. En prenant cette décision, le Conseil fut unanime à reconnaître les vertus de la petite Syrienne, en particulier l'obéissance, la charité et l'humilité, dont elle avait donné un salutaire exemple, les années qu'elle avait vécu dans la communauté.

CHAPITRE IV

C'EST le 30 mai que Marie quitta le couvent de Saint-Joseph. Sa maîtresse des novices avait déjà tout disposé pour la faire admettre chez les Carmélites de Pau. Mieux que personne, elle appréciait l'intéressante orpheline, l'ayant vue de plus près, et s'étant la première rendue compte des stigmates. Elle-même l'accompagna et, sans parler de ses dons merveilleux, la présenta à la mère Elie, alors Prieure du Carmel. En la recevant, la révérende Mère ressentit une vive émotion. On était à la veille de la Trinité. Le Père Oliviéri (mort depuis en odeur de Sainteté) devint le confesseur de notre chère postulante pour laquelle il conçut bientôt non seulement de l'estime mais de la vénération.

Les sœurs se rappellent encore la joie de Marie et le rayonnement ineffable de son visage, au moment où après avoir franchi le seuil du monastère elle salua ses nouvelles compagnes.

A sa manière simple et aisée, on reconnaissait vite qu'elle se trouvait chez elle dans cette demeure que la Providence lui avait ménagée. N'étant pas encore en état de s'exprimer facilement en français, elle témoignait sa reconnaissance par de gracieux sourires. D'autres fois, selon la coutume de l'Orient, elle couvrait les mains des sœurs de baisers répétés, tandis que des larmes de contentement sillonnaient ses joues.

La mère Elie ne fut pas longtemps à s'apercevoir des voies extraordinaires de la nouvelle venue. Cette découverte l'effraya. Qu'était-ce que cette jeune fille ? Qu'allait-elle en faire ? N'y avait-il pas là de l'illusion ? Mais, d'autre part, comment ne pas se rassurer en voyant tant d'humilité, d'obéissance, de charité ? Où trouver une vocation plus surnaturelle et plus désintéressée ? Devant ces réflexions, les indécisions disparurent, les défiances s'évanouirent, et un sentiment d'admiration remplaça chez la prieure ses premières alarmes. Les supérieurs ecclésiastiques eux-mêmes, instruits de tout ce qui se passait, trouvèrent à propos d'abréger pour une âme aussi parfaite la durée du noviciat. En conséquence, moins de deux mois après son entrée au Carmel, elle recevait l'habit des mains de M. Saint-Guily, archiprêtre de Saint-Martin de Pau, et supérieur du monastère des Carmélites. La pieuse postulante prit le nom de sœur Marie de Jésus Crucifié, et demanda comme parrain et marraine saint Elie et sainte Thérèse. Les statues de ces deux saints furent donc portés au chœur, et c'est en leur présence qu'elle revêtit la livrée du Christ. C'était le 27 juillet 1867. La famille du Carmel célébrait alors l'Octave de son illustre fondateur.

Voilà donc notre chère enfant admise une fois encore à l'école où se forment les épouses de Jésus. La voilà maintenant, ce semble, à l'abri des orages du dedans et du dehors; elle va goûter enfin un peu de repos. Nullement. Des voies surnaturelles l'avaient avertie que son noviciat serait long et fertile en épreuves. Il en fut ainsi, en effet. A dater de sa prise d'habit l'humble novice devint fort souffrante. Elle dut s'aliter, et pendant plusieurs mois il lui fut impossible de suivre la règle. Confinée à l'infirmerie, ou dans sa cellule, elle s'en plaignait amoureusement à Notre-Seigneur, bien qu'elle s'estimât heureuse de souffrir, ne comprenant pas, à l'exemple de sainte Thérèse, que la vie pût se passer sans souffrances. Entre autres choses, elle endurait une soif intense, qu'elle ne parvenait pas à étancher, trouvant l'eau d'une amertume extrême. Loin de se plaindre, elle s'écriait, au milieu de ses douleurs : « Miséricorde ! O mon Dieu, miséricorde ! pour les pécheurs ; ils ne savent pas ce qu'ils font. Encore plus de maux, encore plus ! » Le divin Maître venait fréquemment la fortifier et la consoler. La Sainte Vierge, qui la visitait aussi, lui dit un jour : « Heureuse l'âme qui souffre ! Le temps est court, très court ; après un moment de tribulation, viendra la récompense. » Sainte Thérèse, lui ayant apparu, lui recommanda particulièrement trois choses : *souffrir, se taire et obéir*. Souvent la fervente novice aperçut Notre-Seigneur au milieu du chœur sous la figure d'un berger, et les religieuses sous la forme d'agneaux. Il lui arriva d'autres fois de voir la grâce divine descendre comme la neige sur leurs têtes.

Dans une autre circonstance, elle se crut transportée dans une grande église, où se dressaient un grand nombre d'autels. Sur le principal d'entre eux, paraissait une rose magnifique, qui répandait un parfum délicieux. Cet emblème, lui fut-il expliqué, représentait Pie IX. Cependant, deux rois ayant pénétré dans l'église pour détruire la rose, leurs efforts furent inutiles. Un troisième personnage plus audacieux survint qui, à son tour, essaya de couper la fleur ; sa tentative ne lui réussit pas davantage. « A une autre année ! » dit-il en se retirant. Un certain temps s'écoula au bout duquel réapparurent les deux rois, dont un réussit à froisser la rose, et à lui arracher quelques feuilles. Mais après, la rose se redressa plus vigoureuse et plus belle qu'auparavant.

Sœur Marie de Jésus entendit, dans une autre vision, saint Elie lui dire : « Le Souverain Pontife actuel (Pie IX) est un saint. Après lui, il en viendra un autre comme aucun autre. Il souffrira beaucoup entre les mains (des ennemis) de Dieu. Le troisième Saint Père sera le Séraphique. Le quatrième.... hélas Seigneur!... Il n'y a pas, il n'y aura pas de croix comparable à la sienne....

Ne pouvant écrire elle-même, la voyante dicta pendant ces extases plusieurs lettres. Elle y prédit de nombreux événements, entre autres la convocation du Concile du Vatican et la définition du dogme de l'infaillibilité. La guerre terrible de 1870 entre la France et l'Allemagne et l'invasion de Rome par les Piémontais, s'y trouvent également annoncées avec ces paroles : « Ceux qui auront combattu pour le Saint Père ne seront pas jugés. »

Sœur de Jésus Crucifié entendit Notre-Seigneur dire à l'Empereur des Français: « Suivez la lumière, combattez pour mon vicaire et vous aurez la victoire. » Le 12 juillet de cette même année (1868), un Saint lui apparut et lui recommanda de réciter tous les jours le 41me psaume de David. Une nuit qu'elle ne pouvait dormir, car il lui semblait que la France et Rome étaient envahies et sur le point d'être détruites, elle revit l'Empereur aux pieds du Crucifix, humble, découragé, affligé. Il fut dit à Marie que, si ce prince n'eût pas retiré ses troupes de Rome il aurait remporté quatre grandes victoires. Mais, parce qu'il abandonnait le Saint Père, parce qu'il le laissait sans protection, il devait être vaincu, humilié, et chassé de France avec sa famille. Un sombre nuage parut alors s'abattre sur Rome ; la sœur vit Satan exciter les hommes à combattre contre le Pape. Tout émue, elle alla frapper à la porte du tabernacle, s'écriant : « Eh quoi, Seigneur, vous dormez, éveillez-vous, éveillez-vous ! » A ce moment, Notre-Dame lui apparut et lui dit : « Marie, servante de Dieu, pourquoi êtes vous si affligée ? Ne désespérez pas. La puissance de l'ennemi ne durera pas toujours. L'Eglise revivra et fleurira éternellement. Beaucoup d'âmes, hélas ! seront perdues ; mais beaucoup aussi seront sauvées. Les personnes pieuses sont navrées maintenant, bientôt néanmoins elles seront comblées de joie, car le jour du Seigneur est proche. »

Plus tard, Sœur Marie de Jésus Crucifié parut avoir une vue plus nette, plus distincte encore de l'avenir. Elle aperçut de nouveau le nuage sombre ; il était très épais et couvrait non seulement la France, mais l'Europe entière. Alors il y eut des guerres épouvantables qui bouleversaient tous les Etats ; et quand elles furent finies, il ne restait debout que le quart des hommes, les autres ayant péri dans la lutte.

« A cette époque, dit-elle, le nombre des prêtres sera fort réduit, car ils seront morts pour la foi ou la défense de leur pays. Partout la douleur et le deuil, jusqu'à ce que la colère divine soit apaisée. »

Dans une autre lettre, elle déclara avoir vu en

Purgatoire un Général de son Ordre, décédé à Rome. Il endurait de grandes souffrances qu'il s'était attirées, comme il l'avoua, pour avoir manqué de *douceur et d'humilité* dans la direction des âmes.

Un autre jour, elle dit : « Voici la cause des terribles désastres qui vont fondre sur la France : On commettra des péchés et des outrages envers le Saint-Sacrement ; les hommes nieront l'existence même de Dieu, et l'Incarnation sera considérée comme une fable. En outre, l'union et la charité faisant grandement défaut au clergé séculier, aux religieux et aux religieuses Dieu est courroucé contre eux... L'orgueil des prêtres, leur amour du monde lui déplaisent beaucoup — plusieurs de ceux qui seront restés fidèles subiront le martyre.

Une fois, dans une vision, sœur Marie aperçut le curé d'Ars entouré d'une gloire si éclatante, qu'elle ne pût s'empêcher de s'exclamer : « O mon père, que vous êtes beau ! » Le Saint lui fit plusieurs révélations qui la contristèrent amèrement, et qu'il lui permit de répéter à son confesseur.

Avant que la révolution éclatât dans la capitale du monde catholique, un religieux Carme reçut de la sœur l'avis suivant : « Hâtez-vous de revenir et de quitter Rome; cette ville est sur le point d'être assiégée, et l'ennemi triomphera. » En ce moment, personne ne songeait à la possibilité de l'occupation italienne.

Tandis qu'elle recevait de telles lumières, le démon obtenait de la tourmenter sans merci dans son corps et dans son âme. Transformé en ange radieux, il fit tous ses efforts pour la déterminer à sortir de la communauté. Lui apparaissant sous les traits de la Mère Prieure, il lui disait qu'elle n'avait pas la vocation, qu'il ne fallait pas communier, et autres choses semblables. Fertile en expédients, il prenait encore tantôt la figure d'une religieuse, et tantôt celle de Marie elle-même, essayant de tenter ou de distraire ses compagnes. La novice ne manquait pas de tout confier à ses supérieurs ; et grâce à sa franchise, à sa simplicité, elle déjouait les ruses du malin esprit. Voyant qu'il ne pouvait réussir à lui faire abandonner le monastère, Satan essaya de la tuer. Dans ce but, il la précipita au bas d'un escalier, où elle se cassa la jambe. La Révérende mère ayant fait porter la patiente jusqu'à sa cellule, appliqua sur le membre fracturé une relique de la B. Marie des Anges, en disant : « Mon enfant, si vous avez la foi, levez-vous ! » Aussitôt Sœur Marie de Jésus Crucifié se redressa, et, tout à fait guérie, alla prendre sa place au chœur, comme de coutume. Alors, le démon, pour l'étouffer, se mit à mêler à ses aliments, malgré l'active surveillance des sœurs, des morceaux de verre, des épingles, des clous recourbés, dont la pauvre enfant ne pouvait se débarrasser qu'après de vraies tortures. Une autre fois, il la jeta par la fenêtre d'une mansarde dans un puits du jardin. Les sœurs, qui l'avaient vu tomber, accoururent au puits, pensant bien la trouver morte. A leur grande surprise, elles l'aperçurent tranquillement assise sur l'eau. Interrogée sur cet événement, Marie répondit qu'une dame était venue la prendre dans ses bras au moment de sa chute, et l'avait ainsi préservée.

Chose étrange ! Satan ne se tint pas pour battu. Il demanda la permission de torturer la sœur comme un autre Job. Rien de plus admirable et de plus instructif que cette possession diabolique qui se prolongea quarante jours durant, depuis la fin de juillet jusqu'au 4 septembre, et dont la Mère Prieure fut avertie par avance. Notre Seigneur avait promis au démon de lui abandonner sa servante, s'il réussissait à lui faire dire ces paroles : « Mon Dieu, j'ai assez souffert ! » L'esprit infernal mit en œuvre tout son pouvoir pour arriver à ce résultat, ce fut en vain. Il frappa Marie avec une telle violence, que les sœurs, entendant les coups et voyant le sang couler, pensaient qu'il lui serait impossible d'y survivre. Dès qu'elle put parler, elle s'écria : « Merci, Seigneur, merci ! faites-moi souffrir davantage pour vous ! Mes douleurs ne sont rien ! » A plusieurs reprises, elle dit à la Mère Prieure : « Le serpent est ici, c'est vrai, mais Jésus y est aussi ; quoique caché, ce Divin Maître veille toujours sur nous. »

Mgr Lacroix, son évêque, ne pouvant se rendre auprès d'elle pour l'assister dans cette lutte terrible, avait chargé M. Saint-Guily et M. Manaudas, supérieur du Grand Séminaire de Bayonne, de le suppléer. Il voulut bien, pour la soutenir, écrire à l'héroïque victime deux lettres admirables que l'on peut voir dans les archives du couvent.

Vers la fin de cette épreuve, le corps de Marie devint absolument noir, puis rouge, d'un rouge de feu comme si elle eût été embrasée. La fumée s'échappait de ses vêtements, et une forte odeur de soufre remplissait sa cellule. A peine pouvait-elle respirer. Douloureusement ému, M. Manaudas s'approcha d'elle, s'attendant à recevoir son dernier soupir. Il se trompait. C'était le terme de ce long martyre, c'était le triomphe. Soudain, aux yeux des témoins de cette scène, la novice s'éleva en l'air à une hauteur considérable. Son visage rayonnait d'une lumière éblouissante. Elle était belle, d'une beauté toute céleste. De toutes ses meurtrissures, il ne restait nulle trace. La guérison était complète.

Cet état extatique se prolongea pendant quatre jours. Dans l'intervalle, Sœur Marie dicta différentes instructions pour la Communauté, tout heureuse de les recueillir.

Cependant, Monseigneur, que l'on avait tenu régulièrement au courant de tout ce qui s'était passé, profita du premier moment disponible pour venir à Pau. Dès son arrivée, il entendit le rapport des deux ecclésiastiques et des sœurs qui avaient suivi les incidents de la lutte. En présence des merveilles accomplies dans cette âme si petite, si humble, il était difficile de ne pas reconnaître et admirer la main de Dieu. Aussi exprima-t-il le désir de lire les instructions données par la novice, pendant l'extase. Il en fut ravi, et déclara qu'elles portaient le cachet de la doctrine la plus pure et d'une sagesse surhumaine. Il vit ensuite Sœur Marie, lui donna sa bénédiction, et la laissa amplement consolée et fortifiée, tandis qu'il s'en retournait chez lui édifié et bénissant Dieu pour cette manifestation nouvelle de sa grâce et de sa puissance.

La paix accordée à notre chère Sœur fut bientôt troublée. Notre Seigneur lui révéla qu'elle aurait à subir de nouveaux assauts de la part du démon. Il serait permis à Satan de posséder non seulement son corps, mais encore son imagination. Elle ne devait pas s'en épouvanter, car, en dépit de tout, son âme resterait innocente, agréable à Dieu, lui-même se chargeant de la mettre à l'abri des atteintes du tentateur.

Sœur Marie se hâta de communiquer toutes ces

choses à la Mère Prieure. « Pendant ce temps, ajouta-t-elle, je paraîtrai commettre beaucoup de fautes et boire l'iniquité comme l'eau ; j'aurai l'air d'enfreindre la règle, et ma conduite sera une cause d'étonnement et de trouble pour la communauté. Ces fautes extérieures, toutefois, ne devront pas m'être imputées, ma volonté n'y ayant pris aucune part. »

Tout se passa comme la Sœur l'avait prédit ; et l'on a peine à se figurer les persécutions sans nombre et de toute nature dont l'Ange déchu poursuivit sa victime. Entre autres vexations, il avait coutume de l'obliger à tracer dans l'air et sur les murs des signes diaboliques, et de lui raconter d'affreuses histoires. Une fois, il lui dit : « Je m'en vais visiter les grandes cités de la terre : Rome, Paris, Londres ; je reviendrai ensuite te dire ce que j'aurai fait. » Il revint, en effet, et lui découvrit les crimes et les abominations qu'il avait suggérés aux divers habitants de ces villes.

Cette seconde possession dura, elle aussi, quarante jours, au bout desquels le démon s'enfuit, vaincu par la résignation et la confiance en Dieu d'une humble fille.

Sœur Marie, dont la santé avait toujours été fort délicate, ne put résister à de si terribles secousses. Elle tomba malade. Or, les *Constitutions* de sainte

Thérèse défendant d'admettre les sœurs à faire leurs vœux si elles n'ont observé la règle pendant une année entière, notre chère petite dut forcément rester novice. Cette contrariété n'altéra pas un seul instant la tranquillité de son cœur. Ne fallait-il pas, du reste, que se réalisât la prédiction d'Alexandrie, et n'avait-il pas été dit à l'enfant que sa profession aurait lieu non dans cette Communauté, mais ailleurs ?

❖❖❖

CHAPITRE V

Nous sommes en l'année 1869. Comme nous l'avons vu plus haut, Sœur Marie de Jésus Crucifié savait qu'elle devait prendre l'habit dans une maison, faire profession dans une autre et mourir dans une troisième. Seulement, elle ignorait de quelle manière s'accomplirait cette prophétie.

Un jour, arriva des Indes chez les Carmélites de Pau, Mgr Marie-Ephrem, évêque de l'Ordre des Carmes, et vicaire apostolique de Mangalore. Persuadé du grand bien que produiraient sur les païens de son diocèse les filles de sainte Thérèse, ce prélat conjura la Mère Prieure de lui céder quelques-unes de ses religieuses, notamment la petite Syrienne, dont il connaissait l'histoire, et qu'il avait en vénération. Il fallait pour cela l'agrément de l'évêque de Bayonne. Sa Grandeur, consultée, finit par donner son adhésion; elle permit, en outre, à Mgr Marie-Ephrem de prendre Sœur Marie, si la Propagande approuvait le projet de fondation. Rome donna une réponse favorable: on pouvait s'établir à Mangalore pourvu qu'on eût en mains les fonds suffisants pour la construction du monastère, et l'entretien des sœurs qui devaient l'habiter. Or, les ressources manquaient absolument, et l'on ne savait où les prendre, lorsque notre chère novice pria la Révérende Mère Elie d'écrire à un gentilhomme belge, assurant qu'il se chargerait volontiers de toutes les dépenses. Tenter pareille démarche, et auprès d'un inconnu, paraissait pour le moins étrange. La Prieure s'y décida pourtant, après avoir pris les mesures que la prudence semblait commander (1). Le résultat atteignit et dépassa même de beaucoup les espérances que l'on avait conçues. La question pécuniaire se trouvant résolue,

---

(1) Nous ne résistons pas au plaisir de relater ici par quelles voies la Révérende Mère Prieure fut amenée à s'adresser au mystérieux bienfaiteur que la Providence lui indiquait. Un jour que Sœur Marie s'était rendue à la chapelle pour recommander à saint Joseph la fondation des Indes, une jeune fille lui apparut et lui donna l'assurance qu'on trouverait auprès de son père, le comte de Nédonchel, les secours nécessaires à l'œuvre projetée. Au récit de cette vision, la Mère Elie fut quelque peu indécise. Dans une affaire aussi grave, devait-elle s'en rapporter uniquement aux dires de la novice ? Ne fallait-il pas des preuves ? Réflexion faite, elle résolut d'écrire au noble comte, le priant de vouloir bien lui envoyer un portrait photographié de sa fille. Le gentilhomme se prêta volontiers à ce désir, habitué qu'il était à recevoir de semblables demandes. La Prieure, s'étant alors procurée plusieurs autres photographies, glissa dans le nombre celle de Mlle Mathilde de Nédonchel. Puis, les montrant à sœur de Jésus Cricifié, elle l'invita à chercher le portrait de la personne qui lui était apparue. Sans hésiter, sœur Marie désigna celui de Mlle Mathilde.

Pour plus de détails, voir la vie de Mathilde de Nédonchel, morte à Rome, en odeur de Sainteté, le 27 juin 1867, à l'âge de 24 ans. Elle repose dans l'Eglise Santa Maria in Aquiro. — (CASTERMAN, Tournai).

celle de la séparation ne pouvait tarder. La Prieure était désolée et ses filles avec elle. Qui les consolerait du départ d'une enfant si accomplie ?

En attendant, la novice était un sujet d'édification pour la Communauté entière. Elle écrivit à cette époque des lettres fort remarquables. Voici l'extrait de l'une d'elles adressée à une âme cruellement éprouvée :

Pau, 26 août 1869.

« Ne craignez pas Satan ; il ne saurait asservir une âme fidèle. A dire vrai, il suggère toute espèce de mal. Ceux-là seuls, néanmoins, sont ses esclaves qui cèdent à ses inspirations et suivent ses conseils. Ils ne peuvent se débarrasser des pensées qu'il leur envoie. Les âmes fidèles, au contraire, lui résistent dès le début. Au moment de la tentation, elles disent : « Seigneur, secourez-moi ! Ne permettez pas que je suive la direction de l'esprit malin. Parlez-moi, Seigneur, je suis à vous. Je ne veux faire que votre volonté. » Elles reçoivent alors la force dont elles ont besoin ; Jésus combat pour elles. Telles sont les pensées qui m'ont donné confiance, et m'ont aidé à chasser les suggestions perverses du Méchant. Je vous le dis franchement, je n'aime pas les âmes qui disent : « Ce n'est pas moi, mais Satan qui a fait ceci ou cela. » C'est lui faire trop d'honneur, car il ne peut rien sans la permission de Dieu. Pour moi, quand je fais mal, c'est bien par ma faute. Dire : « le serpent m'a trompée », prétexte que cela ! Non, c'est ma propre infidélité à la grâce ! Depuis quelque temps, je suis souvent tombée. Ces chutes m'ont été salutaires, en ce sens qu'elles m'humilient, et me font voir ma misérable faiblesse. »

Cependant les préparatifs de la fondation étant achevés, un petit groupe de sœurs, la Mère Elie à leur tête, quitta Pau pour l'Inde, au mois d'août 1870. Immédiatement avant le départ de sœur Marie, un miracle eut lieu par son intercession. Il nous paraît bon de le rapporter ici, étant le premier, croyons-nous, qui se soit produit dans ces conditions en Angleterre. Le jeune prêtre anglais qui en fut l'objet avait beaucoup connu la novice à Pau. Sa dévotion extraordinaire envers le Sacrement de nos autels, et son grand amour de Dieu établirent entre la sœur et lui une sorte de parenté spirituelle, profitable à tous les deux. En juillet 1870, ce prêtre tomba si dangereusement malade à Londres, que les médecins désespérèrent de lui. Il fit ses adieux à sa famille et reçut les derniers sacrements. On n'attendait plus que sa fin, quand sur le soir, arriva de France une lettre, dictée par sœur Marie, et contenant un des linges appliqués sur son côté saignant. La sainte novice ayant appris par des voies surnaturelles l'état du malade, lui écrivait que la volonté de Dieu s'opposait à ce qu'il mourût en ce moment, car il avait encore une grande œuvre à accomplir pour la gloire du Très-Haut (1). « Ayez soin, ajoutait-elle, d'appliquer sur vos poumons le linge ci-inclus, moyennant quoi la santé vous sera rendue. » Le moribond suivit ce conseil et se trouva subitement guéri. En apprenant cette nouvelle, la Mère Prieure du Carmel Apostolique (2) écrivit à l'heureux miraculé les lignes suivantes :

Carmel Apostolique, Bayonne, 2 septembre 1870.

« Très Cher et très Révérend Père,

« Oh ! avec quelle joie je me suis précipitée, suivie de quelques-unes de nos enfants, aux pieds de Jésus renfermé dans sa prison d'amour, pour réciter le *Laudate,* plus trois *Ave Maria,* en remerciement de votre guérison ; je ne puis vous dire ce que j'ai ressenti hier au soir à la réception de votre lettre. Ç'a été pour mon âme ce qu'est un verre d'eau fraîche pour le pèlerin fatigué, qui se traîne sur une

---

(1) C'est œuvre n'est autre que celle de *l'expiation universelle*, établie d'abord à Rome. Son fondateur a pour frère Son Éminence le cardinal Vaughan, archevêque de Wesminster.

(2) Ce Carmel apostolique était un Tiers-Ordre régulier fondé pour les missions. La sœur M. T. exerçait alors la charge de Prieure.

route poudreuse. Après l'annonce de cette joyeuse nouvelle, la Communauté a psalmodié des actions de grâces et l'*Adoremus in æternum sanctissimum Sacramentum*. Assurément, c'est dans un grand dessein que Jésus à rétabli votre santé. Qu'il n'y ait pas une fibre dans tout votre être qui ne soit à lui entièrement, entièrement, entièrement, comme un triple holocauste, consumé par le feu de son amour. Qu'y a-t-il de mieux ? si ce n'est le Paradis tout desuite...

« Vous dites, cher Père, que je dois me sentir attristée d'être laissée en arrière : mais *Amor fatigatus non lassatur*, dit mon chapitre favori de l'Imitation, et, plus que tout autre, il faut que je trouve la croix partout et davantage, à mesure que j'approche du terme bienheureux où je ne suis pas encore arrivée, hélas. Oh ! mon pauvre cœur reçoit une rude leçon, croyez-le bien. Les coups me viennent, aujourd'hui, du côté des enfants que Dieu avait confiées à mes soins. Ce n'est pas qu'elles n'y répondent : mais elles me sont enlevées à l'instant où leurs pas sont encore mal assurés ; et je ne puis m'empêcher d'être inquiète... Vous savez, mon cher Père, que je viens d'envoyer aux missions de l'Inde trois de mes chères filles. Elles sont parties avec la Révérende Mère Marie Elie, de Pau, et cinq religieuses, parmi lesquelles se trouve ma sainte enfant, sœur Marie de Jésus Crucifié. Deux de nos Pères accompagnent les neufs Carmélites. Mon cœur et mon âme sont avec mes enfants bien-aimées: Sœur Elie, mon lys de l'Irlande, est une des trois ; les deux autres sont Sœur Marie des Anges et Sœur Marie de Saint-Joseph. Vous avez parlé, je pense, à votre bon et Révérend frère de sœur Marie de Jésus Crucifié. Vous pouvez, du reste, le faire maintenant en toute liberté. Elle est bien loin déjà, et il n'y a pas de danger que votre communication porte atteinte à son humilité. Je suis allée à Pau, où j'ai vu et entendu sur son compte pas mal de choses extrêmement intéressantes. Je vous donnerai un autre linge trempé dans le sang qui coulait de ses stigmates ; il doit faire des miracles. Elle a prédit des évènements tristes pour quelques-unes de nos sœurs qui se sont embarquées ; mais toutes sont dans la main de Dieu . . . .

. . . .

Ces prédictions ne se réalisèrent que trop : au cours de la traversée, qui fut des plus pénibles, deux religieuses moururent sur la mer Rouge (1), et mère Elie quitta pareillement ce monde avant d'arriver à Mangalore.

A cette occasion Sœur Marie écrivit, le 26 jan-

---

(1) Ce sont les sœurs Euphrasie et Octavie. Leur dépouille mortelle repose à Aden. Puisse un jour une main amie rendre à la France ces précieux restes, et leur donner une tombe plus digne d'eux !

vier 1871, une lettre dont nous allons détacher quelques pensées. Après avoir raconté la mort des deux sœurs, elle ajoute : « Nous ne devons pas refuser au Maître le fruit de son jardin, surtout quand ce fruit est mûr. Nous ne pouvons pas refuser à ce bon Maître ce qui, après tout, lui appartient. S'il veut l'arbre tout entier, s'il désire l'emporter, arrachons-le pour lui de bon cœur. Sur cette terre d'exil, et non de repos, il ne nous faut attacher à rien, si ce n'est à Lui et à ses amis. Prenons courage et buvons le calice d'amertume avec générosité, pour Celui qui a bu, et cela jusqu'à sa dernière lie, une coupe plus amère que nous n'en aurons jamais à boire. Bientôt viendra l'heure où nous dirons : Voici l'agneau que j'ai cherché durant ma vie entière. Voici mon Bien-Aimé. Rendons-lui des actions de grâces, amour pour amour. Alors nous chanterons le cantique de la Vierge Marie : « Mon âme glorifie le Seigneur et et mon esprit s'est réjoui en Dieu, mon Sauveur. » Mais, avant de pouvoir l'entonner, il nous faut marcher courageusement en portant la croix qu'il plaira au Seigneur de nous envoyer : les souffrances, les séparations d'avec les amis, les mépris, les faux rapports, les calomnies, les abandons, tout. »

Ces dernières paroles de notre novice étaient-elles une allusion aux épreuves qui l'attendaient encore ?

Nous ne savons. Quoi qu'il en soit, Dieu parut se contenter pour le moment des sacrifices déjà accomplis. Les autres religieuses arrivèrent donc saines et sauves à Mangalore. Elles furent promptement installées dans leur nouveau monastère. Sœur Marie de Jésus Crucifié se trouvant complètement rétablie, le 21 novembre 1871, elle fut admise à faire sa profession, à la grande joie de toute la Communauté. Mgr Marie-Ephrem, assisté de l'aumônier du couvent, présida la cérémonie.

Avant de dire quelque chose de la vie de notre petite sainte dans l'Inde, nous allons donner des extraits d'une autre lettre, adressée par la même Prieure à l'ecclésiastique dont nous avons vu la guérison miraculeuse. A cette lettre étaient jointes quelques lignes de sœur Marie.

Carmel Apostolique, le 30 Octobre 1871.

Adoremus in æternum S. S.

« Cher et Révérend Père,

» Que je pense souvent à vous, surtout en présence de notre Sacrement d'Amour ! Quelquefois je reçois une sorte de *precetto* intérieur pour lui faire une visite à votre intention, avec toute la Communauté, et je ne manque pas de commencer par notre habituel *Adoremus* qui suit le *Pange lingua*.

» La Lettre qui a précédé votre départ a été fort bien accueillie ; elle est fort intéressante. Que j'aime votre pensée de la Vierge Mère tenant dans ses bras Jésus, son fils sacramentel ! C'est une pensée magnifique. Jésus et Marie peuvent-ils être jamais trop intimement unis dans nos esprits et nos cœurs !

» Et maintenant abordons le sujet qui vous intéressera au plus haut point ; je veux parler de ma chère fille, sœur Marie de Jésus Crucifié. Vous saviez, avant de partir, qu'elle avait été délivrée à tout jamais de la possession des démons qui la faisaient tant souffrir depuis trois ans. La scène de sa délivrance rappelle à peu de chose près celle de Pau, avec la bénédiction en plus. Dans leur fureur, les mauvais Esprits ont laissé la pauvre enfant à demi morte. Mais le Maître a soutenu sa fidèle servante ; elle est restée pendant deux jours en extase, laissant échapper ces exclamations enflammées : « O Amour, Amour, rien plus que l'Amour ! »

» Depuis bientôt cinq mois, qui seront complets au jour de sa profession, c'est-à-dire le 21 novembre, Sœur Marie soupire continuellement après son union avec le Bien-Aimé. Ses ravissements sont continuels ; de nombreux prodiges éclatent, et tous les mystères passés s'éclaircissent. Toutefois, ce n'est qu'à partir de la profession que la lumière brillera dans toute sa splendeur. Ce jour-là, notre Ordre ressentira les effets des grâces que Dieu doit lui prodiguer, à la prière de cette sainte âme. Seulement, chacun recevra plus ou moins, selon la mesure de ses dispositions. J'ai confiance, mon cher Père, que vous en aurez votre part, car un lien puissant vous unit étroitement à cette chère enfant. Vous portez toujours sur vous le nom sacré de Jésus ; c'est vous qui avez été l'objet du premier miracle ; je compte donc avec assurance que vous sentirez votre cœur tressaillir en ce jour béni. D'ailleurs, nul doute que notre chère sœur ne prie pour vous, car je lui ai fait demander un souvenir pour vous le jour de sa profession.

« Maintenant que ses trois années de probation et d'épreuves sont finies, nous ressentons des marques signalées de la protection divine. Vous saviez, en effet, que nous devions souffrir avec elle pendant ce temps. Nous avons commencé à surmonter nos difficultés ; notre lourde dette a été payée, et vous devez comprendre combien je suis heureuse de me trouver libérée.

« Les postulantes arrivent en grand nombre. Deux jeunes filles charmantes, appartenant à de bonnes familles, ont reçu l'habit le jour de la fête de notre Mère sainte Thérèse. L'une d'entre elles est la nièce d'une de nos carmélites de l'Inde. Sœur Marie de Jésus Crucifié avait dit à sa tante que c'était la volonté de Dieu qu'elle vînt ici, qu'elle ferait beaucoup de bien dans les Missions, mais que le démon s'efforcerait, par tous les moyens possibles, de susciter des embarras, ce qui n'a pas manqué. La prière, néanmoins, a remporté la victoire. La chère petite porte l'habit; toute son ambition est de partir pour l'Inde le plus tôt possible et de finir par le martyre. Ma santé elle-même est bien meilleure, et je puis me tenir debout et m'agenouiller, sans me sentir défaillir. Je suppose que Notre-Seigneur va m'appeler à de nouvelles fatigues, à de nouveaux labeurs, puisqu'il me donne plus de forces. Nous allons avoir l'exposition du Saint Sacrement toute la journée du 21, fête de la Présentation. C'est le jour où nous renouvelons nos vœux. Les Carmélites de Pau ont demandé la même faveur. On ne vous oubliera pas, mon cher Père. Je vais copier pour vous la dernière lettre que ma chère enfant m'a écrite. Elle m'est fort précieuse et me convient d'une manière si parfaite, que j'ai trouvé la plus grande consolation, le plus grand encouragement dans ce cher papier dont le contenu vous plaira aussi, j'en suis sûre. Après la profession de Sœur Marie, j'essaierai de vous écrire de nouveau. Veuillez-bien prier pour moi, et demander à notre doux Jésus de m'accorder avec l'humilité une ardente charité, de manière à ne plus faire qu'un avec Celui qui seul est notre vie.

Votre indigne servante, etc., etc.

Copie de la lettre de sœur Marie de Jésus Crucifié

Carmel, Mangalore.

« Très Chère et Bien-Aimée Mère,

« Ne croyez pas que je vous aie jamais oubliée, quoique je me sois trouvée dans l'impossibilité de vous écrire. Que de fois, je pense à vous devant Dieu, le suppliant de vous fortifier dans toutes vos peines et vos épreuves. Après tout, que sont les douleurs de la terre comparées aux joies qui vous attendent dans le ciel? Que vos autres amis, s'ils le veulent, vous souhaitent des consolations; pour moi je ne le ferai point. Je voudrais pour vous, au contraire, croix sur croix, avec la grâce de les porter courageusement. O ma mère, nous n'apprécions pas la croix comme il le faudrait. Quant à vous, j'en ai l'assurance, vous l'aimez. Ne pensez pas en être jamais délivrée sur la terre. Je n'ignore pas quelle peine vous ressentez d'être si éloignée de vos enfants. Mais au fond qu'importe que vous soyez ici ou là! Laissez-vous crucifier. C'est Dieu, et non les créatures qui vous empêchent de venir nous rejoindre. Je suis convaincue que votre récompense est proche; nous ne devons pas toutefois la désirer, car Notre Seigneur connaît tout. Il a dit à une sainte personne : « Ma fille, l'âme qui me désire et n'a d'autre volonté que la mienne, me verra agir conformément à la sienne, sur la terre et dans le ciel ; et si une montagne venait à s'interposer entre nous, je la réduirais en poudre sous le souffle du vent. » Pardonnez-moi, chère et vénérée Mère, si je vous écris tout ceci. Mais une enfant dit tout à une mère, surtout quand elle est aimée comme vous l'êtes. Toutes les fois que je vois le Père AZARE, je lui demande de vos nouvelles et de celles de vos enfants. Il m'assure qu'elles et vous jouissez de la santé et de la paix. Ne vous imaginez pas qu'on m'empêche de vous écrire. Depuis peu vous devez avoir reçu beaucoup de lettres ; Mère Agnès écrit en effet fréquemment. Nos Pères et nos Mères ici ont beaucoup d'affection pour vos enfants, qui vont très bien et sont très bonnes ; seulement, il nous en faudrait un plus grand nombre. Je prie Dieu de vous adresser d'autres sujets. Si vous pouviez du moins faire une fondation en Angleterre ! Si le bon Dieu voulait vous envoyer, ne fût-ce qu'un fondateur comme vous en avez ici ! Promettez quelque chose aux âmes du Purgatoire, et vous verrez qu'elles vous le procureront. Et maintenant, ma bien chère Mère, priez beaucoup pour moi. Je ne puis plus vivre en ce monde sans Jésus. Monseigneur m'a promis que je ferai ma profession le jour de la fête de la Présentation de la Sainte Vierge. Je me sens couverte de honte et de confusion, au souvenir de ce qui s'est passé, parce que je n'ai pas assez profité de mes humiliations ; j'espère cependant que Jésus, dans sa grande miséricorde, aura pitié de moi. En ce moment, mon cœur, vide de toute créature, ne soupire qu'après Dieu. Auparavant il n'en était pas de même; aussi ai-je terriblement souffert. Mais Notre Seigneur a tout conduit pour sa grande gloire. Priez pour moi, ma bien chère Mère, afin que je demeure fidèle, moi si indigne d'être l'épouse de mon Bien-Aimé, moi qui ne sais que bégayer mon amour. Je n'oublie pas votre chère mère; Notre Sauveur, j'en ai la confiance lui fera miséricorde. Priez beaucoup Notre Seigneur, afin que sa justice s'apaise. Adieu, ma bien-aimée Mère.

Votre enfant qui vous aimera toujours tendrement.

Sœur Marie de Jésus Crucifié.

On peut juger par cette lettre des sentiments de la pieuse novice, et de la ferveur avec laquelle elle se consacra pour toujours au Seigneur (1871).

Ses vœux étaient à peine prononcés, qu'un orage éclata, terrible, inouï. Nul, hormis la nouvelle professe, ne l'avait prévu. Dieu permit donc que, tout à coup, Mgr l'Evêque exigeât d'elle une chose contraire à la règle, à savoir : qu'elle révélât tous les secrets de son âme à la Prieure et à la maîtresse des novices (1). Sœur Marie répondit que Notre Seigneur le lui avait défendu. Il voulait bien que, selon les constitutions, elle déclarât tout à son confesseur et à l'Evêque même s'il le désirait ; mais nullement à la Révérende Mère, celle-ci ne devant connaître que les fautes extérieures. Monseigneur, prenant ce refus pour un acte de désobéissance, signifia à la pauvre enfant qu'elle était dans une mauvaise voie, et que ses visions et ses extases n'étaient que des illusions de l'Esprit de ténèbres.

Alors une persécution, dont le moment n'est pas venu de raconter les détails, s'éleva contre celle que la communauté avait jusque-là vénérée à l'égal d'une sainte. Contredite, délaissée, Sœur Marie supporta tous ces maux avec sa douceur et sa patience habituelles. Et lorsque la Prieure l'eût informée des instances faites par sa Grandeur pour qu'elle fût renvoyée à Pau, elle se contenta de répondre : « Sous peu, Monseigneur connaîtra la vérité. » Quelques mois après, Mgr Marie-Ephrem paraissait devant Dieu. Plus tard, la mission de Mangalore passait des mains des Pères Carmes dans celles des Pères Jésuites. C'était encore une prédiction de la sœur à la Révé-

---

(1) C'était là une direction regrettable, un abus condamné depuis par sa sainteté Léon XIII, dans son Décret *sur l'ouverture de conscience* 17 Décembre 1890.

rende Mère. Mais, avant que ces faits eussent, comme tant d'autres, reçu leur accomplissement, Marie de Jésus Crucifié, sur l'ordre de ses supérieurs, quittait les Indes, et prenait place sur un paquebot se dirigeant vers la France (1872).

CHAPITRE VI

LE retour de sœur Marie à Pau fut salué par ses compagnes avec allégresse. La joie de la chère petite, en se retrouvant auprès de cœurs amis, ne fut pas moins vive. Toutefois cela ne l'empêcha pas de dire à la Prieure que son séjour dans la maison serait de courte durée ; Jésus l'appelant à Bethléem où elle devait mourir. Cette déclaration, elle la fit en diverses circonstances. Tout d'abord on n'attacha pas grande importance à ces paroles. Mais, comme la sœur insistait, disant que Dieu voulait une fondation de Carmélites à Bethléem, la Prieure se décida à consulter Mgr Lacroix. L'évêque fut loin de se montrer hostile à ce projet ; seulement une difficulté, réputée insurmontable, celle des fonds, se dressait à l'encontre. La France entière, en ce moment, était ruinée par la guerre, et les Communautés religieuses se ressentaient de cet état de gêne. L'heure paraissait donc bien peu opportune. Le secours vint pourtant, ainsi que l'avait prédit Marie de Jésus, et d'une manière inattendue. Une noble femme au cœur généreux, Mlle Dartigaux, tandis qu'elle priait devant le Saint-Sacrement, eut l'inspiration subite d'entreprendre à ses frais la nouvelle fondation et de la mener à bonne fin. Elle soumit ce pieux dessein à son confesseur, qui l'approuva hautement, comme le fit l'Evêque lui-même. Ce premier obstacle écarté, il ne restait plus qu'à obtenir l'autorisation de Rome.

Le 20 juillet 1874, en présence de M. Saint-Guily, de la Mère Prieure, de Mlle Dartigaux et du R. P. Pierre Estrate, sœur Marie de Jésus Crucifié, étant en extase, dit à Mgr Lacroix, de la part de Notre-Seigneur, d'écrire à Rome le jour même, pour demander la permission nécessaire. Elle affirmait que le Pape l'accorderait sur-le-champ. L'évêque, convaincu par expérience que l'esprit de Dieu parlait par la bouche de la sœur, n'hésita pas à s'adresser aussitôt à la Propagande.

La Sacrée Congrégation, on le sut dans la suite, avait pris depuis quelques années une détermination générale, en vertu de laquelle nul ordre contemplatif de femmes ne devait plus être autorisé à s'établir en Palestine. C'était aussi l'avis de Mgr le Patriarche de Jérusalem (1). Dans ces conditions, la supplique de Mgr de Bayonne ne pouvait qu'être repoussée ; cela ne manqua pas. Mais, avant que le rejet eût été no-

---

(1) Alors, Mgr Valerga.

tifié, arrivait à la Ville Eternelle, envoyé par Mgr Lacroix, sur la prière de sœur Marie, M. l'abbé Bordachar, supérieur de l'Institution Saint-François, à Mauléon. Ce vénérable ecclésiastique était porteur d'une seconde lettre inspirée par la sœur, et directement adressée, cette fois, au Souverain Pontife.

Sitôt l'avoir lue, Pie IX révoqua la décision de la Propagande, et ordonna, *motu proprio*, que la fondation aurait lieu, et cela pour le triomphe de l'Eglise et le bien de la France.

Cependant le Patriarche, qui ignorait l'acte d'autorité du vicaire de J.-C., s'efforça d'empêcher l'œuvre. Peines perdues! Lui aussi dut céder devant une injonction plus explicite de Sa Sainteté.

En conséquence, toutes les voies étant aplanies, le 20 août 1875, neuf sœurs quittèrent Pau pour se rendre à Bethléem. Parmi elles, avons-nous besoin de le dire, se trouvait Sœur Marie de Jésus Crucifié. Le 24 septembre, Mgr le Patriarche les enferma dans leur clôture provisoire. Instruite alors de la façon merveilleuse dont les choses s'étaient passées, Sa Grandeur se déclara heureuse d'avoir échoué à Rome pour la première fois. En arrivant en France, sœur Marie avait annoncé qu'elle n'y resterait pas trois ans complets. Les évènements justifièrent ses dires. Revenue en effet de l'Inde, au mois de novembre 1872, elle se trouvait établie à Bethléem en septembre 1875.

Pendant cette même année (1875), elle avait fait auprès de Mgr Lacroix les instances les plus vives pour qu'il obtînt de Rome l'approbation de la Congrégation des prêtres du Sacré-Cœur à Bétharram, disant que telle était la volonté de Dieu. Monseigneur, docile une fois encore à la voix de l'humble converse, envoya à Rome un Père de cette Congrégation avec M. l'abbé Bordachar. Sœur Marie avait assuré aux deux voyageurs qu'ils ne rencontreraient aucune difficulté, qu'ils n'auraient rien à demander, parce qu'on leur offrirait tout.

C'est ce qui arriva exactement. A peine installés à Rome, un grand personnage de cette ville, par suite de circonstances disposées visiblement par la main de Dieu, s'employa pour eux contre toute attente. Deux mois plus tard, sans avoir fait la moindre démarche, ils recevaient de la Sainte Congrégation des Evêques et des Réguliers le *bref laudatif*, et moins de trois ans après la publication de ce premier bref, Pie IX donnait son approbation solennelle à l'Institut.

A Bethléem, les stigmates se rouvrirent (1), au grand déplaisir de sœur Marie de Jésus Crucifié. Ils saignèrent plus abondamment encore, durant le ca-

---

(1) Il s'étaient fermés aux Indes, dans les premiers jours de la persécution, après une neuvaine faite par sœur Marie, de concert avec son confesseur.

rême de 1876, et continuèrent à couler de la sorte jusqu'à sa mort.

A l'origine, la petite Communauté de Bethléem occupait une maison près de l'église. Mais Notre-Seigneur ayant indiqué à sœur Marie un site particulier sur une colline située juste en face de la Sainte-Crêche, on finit par obtenir cet emplacement. Notre Sainte, toujours éclairée de Dieu, fournit les plans de la nouvelle demeure. Elle qui savait à peine tracer quelques caractères, et qui n'entendait rien à l'architecture, dessina en entier la construction dont elle dirigea les travaux.

Les bâtiments ont la forme d'une tour ; il ne se peut rien voir de plus régulier et de plus gracieux à la fois. Le rédacteur en chef du journal de la Terre-Sainte en parle de la manière suivante : « Le monastère des Carmélites à Bethléem diffère totalement de tous ceux que j'ai vus jusqu'ici. Il a la forme d'une tour élevée. C'est une vraie *Tour de David*, placée sur une colline, en face de l'église franciscaine de Bethléem, et à l'endroit où le fils d'Isaï, d'après la tradition, menait paître ses troupeaux. Vue à distance, cette tour, qui se dresse au milieu de l'enclos du couvent, à l'air d'une immense forteresse (1). »

C'est dans l'édification de ce monastère que Sœur

---

(1) Père Martin, S. J. 15 déc. 1878.

Marie dépensa le reste de ses forces. C'est à cette œuvre qu'elle consacra ses derniers jours, remplis, eux aussi, de grâces, de fatigues, de tribulations. Le tout, scrupuleusement relaté, est conservé avec soin dans les archives du monastère pour être livré au monde quand l'heure en sera venue.

Parmi ces documents inédits, se trouve un nombre considérable de prophéties curieuses, dont quelques-unes ont déjà reçu leur accomplissement. telles que : les circonstances de la mort de Pie IX, la paisible élection de Léon XIII et les derniers moments de la Sœur Marie elle-même. On voit encore dans ces annales une série d'instructions dictées par la Sainte dans ses extases et qui rivalisent de grâce et de profondeur. D'après des théologiens de valeur qui les ont examinées, elles sont irréprochables et pour le fond et pour la forme. Nous serions heureux de pouvoir les publier un jour.

Cependant approchait pour notre chère petite sœur le terme de son terrestre pèlerinage. Le 22 août 1878, par une journée de chaleur excessive, tandis qu'elle allait puiser de l'eau pour les ouvriers altérés, elle glissa sur une pente rapide et se cassa le bras en trois endroits. Bientôt la gangrène survint, qui éloigna tout espoir de guérison. Après avoir supporté sans se plaindre les souffrances les plus atroces, Sœur Marie rendit doucement son âme à son Créateur.

Ce triste évènement arriva le 26 août, à cinq heures du matin. Ainsi se vérifiaient ces paroles prophétiques de la sœur : « Je ne resterai pas trois ans complets à Bethléem. » Monseigneur le Patriarche étant venu la visiter, lui avait administré le Sacrement de l'Extrême-Onction. Sa Grandeur et les Religieuses étaient pareillement inconsolables : ne perdaient-ils pas l'un, une des perles les plus précieuses de son diocèse ; les autres, la tête et le cœur de la Maison ?

La chère sœur, quand elle quitta ce monde, n'était que dans la trente-troisième année de son âge et la douzième de sa vie religieuse.

Son corps, au dire du médecin qui l'avait soignée, conserva après sa mort une beauté « parfaite ». Ses membres n'avaient rien perdu de leur souplesse, et les mains, dès qu'elles étaient libres, venaient se joindre spontanément en forme de croix.

Comme on lui eut extrait le cœur pour le donner au couvent de Pau, il sortit de l'ouverture un sang liquide, chaud et vermeil qui ne cessa de couler jusqu'au soir.

Lorsqu'on l'eût déposée dans son cercueil ses bras se soulevèrent trois fois vers le ciel puis ils restèrent étendus en forme de croix toute la journée. On essaya inutilement de les rapprocher. Voyant cela la Mère Prieure s'approcha tout près de la chère sœur et lui dit à l'oreille : « Sœur Marie, au nom de l'obéissance, repliez vos bras. » Ceux-ci retrouvant aussitôt leur élasticité naturelle vinrent se reposer doucement sur sa poitrine. On pût alors fermer le cercueil.

Les habitants de Beït-Jalla, village situé à un quart d'heure de marche de Bethléem, affirment avoir vu, au matin de cette bienheureuse mort, un arc-en-ciel splendide suspendu au-dessus du monastère, et présentant à son centre une croix lumineuse de couleur verte. Cela les surprit d'autant plus qu'il ne pleuvait pas.

Constaté par de nombreux témoins, ce fait extraordinaire devenait le sujet des conversations, avant que personne se doutât que la chère petite n'était plus.

Ses funérailles se firent au milieu d'un immense concours de peuple. Toutes les classes s'y trouvaient représentées; on y voyait même des gens de Jérusalem. De toutes les lèvres s'échappait ce cri spontané : « Notre Sainte est morte ! »

Les prodiges qu'elle avait accomplis, prodiges inconnus en Orient depuis des siècles, avaient inspiré aux habitants de ces contrées un sentiment de vénération, mêlé de terreur : les miracles qui suivirent ne firent que fortifier cette impression.

Son médecin assure avoir été guéri d'une plaie horrible qu'il avait à la jambe, par la seule application d'un morceau de linge trempé dans le sang de la servante de Dieu. Combien d'autres infirmes lui doivent des grâces signalées : la santé de l'âme ou la santé du corps ! Les Carmélites de Bethléem et de Pau attestent, à leur tour, qu'un parfum exquis, céleste, s'exhalait de la cellule habitée par leur sainte compagne, et de tous les endroits du monastère qu'elle traversait.

Elle avait dit, avant de mourir, que Notre Seigneur voulait voir s'établir à Bethléem une fondation des Pères du Sacré-Cœur, et que cette fondation aurait lieu. Léon XIII en a donné l'autorisation depuis peu, et *motu proprio*, en dépit de toutes les objections de la Propagande.

N'est-ce pas là comme un hommage rendu à l'esprit prophétique de Sœur Marie de Jésus, comme une fleur déposée sur sa tombe par une main auguste, en attendant que l'Eglise, nous aimons à l'espérer, pare sa tête de l'auréole des Saints ?

CHAPITRE VII

TELLES sont les grandes lignes seulement de cette belle et sainte vie. Les détails en effet abondent, et des plus intéressants. Nous avons dû les omettre pour ne pas dépasser les limites d'une simple notice.

Nous voudrions maintenant dire quelques mots des vertus de notre chère sœur. On nous les pardonnera, croyons-nous, d'autant plus volontiers, qu'ils doivent faire ressortir davantage l'insigne beauté de cette âme.

Parlons d'abord de sa foi ; elle était admirable. Tous les jours, notre pieuse Carmélite remerciait Dieu de l'avoir fait naître au sein du Catholicisme, et c'est toute joyeuse qu'à l'exemple de sa séraphique mère sainte Thérèse, elle répétait ces paroles : « Je suis fille de l'Eglise ! Dieu est mon Dieu ! Jésus est mon époux ! Marie est ma mère ! les anges et les saints sont mes frères et mes sœurs. Quelle noblesse est comparable à celle que confère notre foi ? » Cette conviction se traduisait par une adhésion simple et entière aux enseignements de l'Eglise, et par une obéissance prompte à ses lois, à ses désirs même. La moindre hésitation à cet endroit la révoltait : elle ne concevait point que l'on pût discuter d'aucune sorte avec cette Mère, ou qu'on lui refusât la soumission et le respect qui lui sont dus.

Comme le juste, elle vivait de la foi, et la terre ne lui était rien. Elle ne soupirait qu'après le Ciel; elle ne cherchait que le Ciel ; elle avait la nostalgie du Ciel. « Hâtez, ô mon Seigneur, s'écriait-elle, hâtez le moment de mon départ. Je suis fatiguée, oh ! bien fatiguée de ce monde, Je suis comme un enfant qui a perdu son père, et qui court sans cesse de tous côtés à sa recherche. Vous êtes bon, ô Seigneur, mais avouez que vous êtes dur quelquefois ! Oh ! si j'étais Jésus, et que vous fussiez Marie de Jésus Crucifié, je ne vous laisserais pas languir si longtemps ! Je ressemble à un petit oiseau emprisonné dans une cage. Ouvrez-moi la porte, afin que je prenne mon vol vers vous ! »

Son espérance, d'un autre côté, était inébranlable. Bien qu'elle s'estimât une grande pécheresse, alors qu'elle avait conservé l'innocence baptismale, sœur Marie ne désespéra jamais de la miséricorde divine. Notre Seigneur la conduisit, nous l'avons vu, par les voies les plus crucifiantes ; parfois, d'épaisses ténèbres envahirent son âme, si bien qu'elle se demandait en tremblant si elle ne serait pas dans l'illusion ; le démon essaya de mille manières de la jeter dans le désespoir, tâchant de lui persuader que Jésus l'avait abandonnée. Il n'obtint jamais que cette réponse : « Tu auras beau dire et beau faire, je ne cesserai d'espérer en mon doux Sauveur ! »

Cette espérance, elle la prêchait à tous, aux âmes découragées, comme aux âmes coupables. « Dieu, avait-elle coutume de dire, Dieu est toujours prêt à pardonner, quand il trouve un cœur droit, contrit et humble. Sa confiance en Dieu allait si loin, qu'on pourrait l'appeler une sublime imprudence : C'est ainsi qu'étant en condition, elle ne garda jamais un centime de ses gages, les distribuant aux pauvres sitôt les avoir touchés. Elle entreprit sur mer, on s'en souvient, de longs et pénibles voyages ; ce fut toujours sans argent. La Providence, toutefois, lui vint si bien en aide, qu'elle ne manqua jamais du nécessaire.

Que dirons-nous de sa charité ?

Sœur Marie aimait Dieu d'un amour constant, pur, fort, désintéressé, héroïque. Son âme ressemblait à une fournaise embrasée. Le seul nom de Jésus faisait palpiter son cœur d'allégresse, et souvent, rien qu'à l'entendre prononcer, elle tomba en extase. Lorsque cela lui arrivait devant les sœurs, sa confusion était extrême ; aussi suppliait-elle ses compagnes de ne pas proférer en sa présence ce nom adorable. On la vit bien des fois s'élever en l'air, ou, si elle se trouvait au jardin, monter à la cîme des arbres, et là, debout sans aucun appui, chanter les louanges de Jésus. Oh! comme elle était heureuse alors! Et cependant, au premier appel de la Prieure, elle s'empressait de descendre.

Pour l'amour de Dieu, elle accomplit les plus durs sacrifices : richesses, position sociale, famille, pays, bien-être, liberté, elle sacrifia tout, tout, jusqu'à sa vie même. Elle ne connaissait que Jésus, et Jésus Crucifié. Dans son désir de lui rendre amour pour amour, elle ne soupirait qu'après de nouvelle souffrances, de plus grandes tribulations. Son corps paraissait lui être absolument indifférent. Elle l'eût volontiers détruit à force d'austérités, si l'obéissance ne l'avait arrêtée dans cette voie de l'immolation. Il est souvent question, dans le récit de sa vie, de jeûnes de quarante jours consécutifs au pain et à l'eau. On parle même d'un jeûne d'une année entière. Malgré des douleurs très vives, continuelles, elle se plaisait à rechercher les travaux les plus rudes. Quant à ses peines intérieures, elles étaient très grandes, et de tous les jours. Mais l'amour de Notre Seigneur, qui remplissait son âme, la consolait de tout, changeait en joie ses amertumes.

Voyant en ses sœurs autant d'épouses de Jésus, elle leur portait une tendre affection, et se préoccupait avec zèle de leur avancement. Elle avait reçu le privilège de lire dans leurs âmes comme dans un livre ouvert. Y surprenait-elle de l'inquiétude, des caprices d'imagination, des défauts, elle les en avertissait avec autant de douceur que de force, alliant toujours à l'impartiale fermeté d'un juge, l'exquise tendresse d'une mère. Hâtons-nous de le dire : ce n'est qu'après avoir reçu l'autorisation de la Prieure qu'elle se permettait ces corrections fraternelles ; encore suffisait-il d'un seul acte d'humilité pour la désarmer sur-le-champ, pour qu'un gracieux sourire vînt éclairer sa douce physionomie. « Jésus me pardonnera-t-il ? » lui demandait une fois tout en larmes une sœur qui avait enfreint la règle du silence. « N'en doutez pas », répondit-elle, « Jésus ne gronde qu'afin de pouvoir faire miséricorde. »

Une vraie jouissance, c'était de la voir au chevet des malades. Que d'aimables attentions, de dévouement, de touchantes industries pour soulager ses compagnes ! On eût dit une mère soignant ses propres enfants. Une prière de sœur Marie, un simple attouchement, amenèrent souvent la guérison. Dans le cas contraire, elle s'attachait à ranimer le courage des pauvres infirmes par l'espérance des joies et des récompenses du Ciel.

Sa compassion s'étendait jusque sur les animaux, qu'elle invitait sans cesse à bénir leur créateur avec elle. L'un d'eux venait-il à tomber malade, elle ne lui ménageait pas ses soins, et ses peines.

La charité de sœur Marie, on a pu s'en convaincre, était bien grande ; son humilité cependant paraissait l'emporter encore. Tous ses actes en étaient imprégnés ; c'était comme son chiffre, ses armoiries. Notre-Seigneur avait si clairement montré à notre Sainte son néant qu'elle ne fut jamais tentée de céder à la moindre pensée d'orgueil ou de vaine complaisance. « Je suis ce que je suis devant Dieu », disait-elle, quand elle s'entendait louer ou blâmer. « De moi-même je ne suis que péché, misère, ingratitude... Mon Jésus, ayez pitié de moi ! »

C'est par humilité, qu'elle a voulu rester sœur converse ; c'est pour obéir au même sentiment, qu'elle choisissait toujours les besognes les plus répugnantes. C'est par humilité qu'elle accepta joyeuse toute espèce de persécution, de mépris, de calomnies. Elle aurait désiré n'être vue, n'être connue que de Dieu.

Dans tous les avis qu'elle était obligée de donner aux autres, elle en revenait toujours à la pratique de cette vertu. « Soyez petites à vos propres yeux », disait-elle, « petites comme un vermisseau, mais un vermisseau enfoui dans la terre. Voyez, tant qu'il demeure caché, rien ne le menace. S'il vient au contraire à se montrer, il est foulé aux pieds ou dévoré par les oiseaux... » « L'humilité », ajoutait-elle, « attire sur nous la lumière divine. Elle nous montre Dieu, puis nous-mêmes tels que nous sommes. Si vous tombez dans le péché, n'allez pas vous décourager ; le découragement prend sa source dans l'orgueil. Voulez-vous vous relever, abaissez-vous. Si nous sommes vraiment humbles, Dieu certainement nous élèvera. »

Le divin Maître la chargeait-elle de transmettre un avertissement, une communication quelconques, loin d'en tirer vanité, elle se considérait comme nn simple instrument, ayant coutume de s'appeler : « la petite commissionnaire du bon Dieu. » « Notre-Seigneur ma confié cette besogne », disait-elle un jour, « parce que, en dehors de cela, je ne suis bonne à rien. Il a donné à d'autres dans la maison de nobles offices ; à moi l'emploi le plus humble, celui de m'acquitter des commissions de l'extérieur. »

Notre chère petite sainte nous a laissé, touchant sa vertu favorite, des pages délicieuses, et l'on peut avancer, sans être téméraire, que l'humilité était la mine féconde d'où sortaient toutes les richesses de son âme, le soleil qui éclairait sa vie, le sol généreux qui nourrissait cette merveilleuse créature, le manteau enfin qui la protégeait contre le souffle empesté de l'amour-propre.

Une âme aussi humble ne pouvait qu'être obéissante. Sa carrière religieuse n'a été en réalité qu'un acte continu d'obéissance. « Cette vertu, disait-elle souvent, est pour l'âme vouée à J.-C. ce que les ailes sont à l'oiseau. » Ne voyant que Dieu seul dans l'autorité placée au-dessus d'elle, sœur Marie de Jésus Crucifié ignorait les restrictions, et suivait aveuglément la direction qui lui était imprimée. Il arrivait parfois qu'un ordre donné était contraire aux révélations reçues ; n'importe, elle obéissait tout de même, sûre en cela de suivre les conseils de son Céleste Epoux. Quoiqu'elle eût, on le sait, une répugnance extrême à parler des faveurs insignes qu'elle recevait, au point de préférer à ces aveux le jeûne ou la discipline, elle n'hésitait pas à tout dévoiler à son confesseur, quand Notre-Seigneur le lui commandait.

Notre chère sœur était fort affectionnée à la pauvreté évangélique, qu'elle pratiquait dans la perfection. Elle choisissait volontiers pour son usage ce qu'il y avait de plus mauvais. Un vieux vêtement tout rapiécé la comblait de joie. A la cuisine, elle ne souffrait jamais de gaspillage ; au contraire, elle tirait parti des moindres restes. On l'a vu ramasser une épingle, un bout de ficelle, une miette même, ce qui ne l'empêchait pas de se montrer, quand il le fallait, grande, libérale. Désireuse pour la communauté du nécessaire, toute superfluité l'attristait. Plusieurs fois étant ravie en extase, Notre-Seigneur lui recommanda d'inspirer à ses sœurs une observance plus exacte de la pauvreté ; aussi s'éleva-t-elle, à deux ou trois reprises, avec force contre plusieurs de ses compagnes qui n'avaient pas craint d'y manquer. Son amour pour cette vertu lui mérita d'être l'instrument principal de la fondation de Bethléem, fondation spécialement destinée à honorer la pauvreté de Jésus dans sa crèche.

Et maintenant pourrions-nous ne pas rappeler ici en quelle haute estime Marie tint sa virginité ?

Ayant eu, dès l'âge le plus tendre, le bonheur d'en comprendre l'excellence, elle avait promis à Notre-Seigneur de rester toujours vierge. C'est pour garder sa promesse qu'elle accomplit d'héroïques sacrifices, et resta jusqu'à son dernier soupir, éminemment chaste de pensées, de paroles, d'actions. Un jour, pour surmonter une tentation légère, elle ne craignit pas de mettre un de ses doigts dans le feu et de l'y maintenir jusqu'à ce qu'il fût presque carbonisé. Ce doigt demeura tordu le reste de sa vie. Dans une autre circonstance, pour le même motif, elle ne balança pas à s'appliquer un fer rouge sur la chair. Chose digne de remarque : alors qu'elle était possédée par le démon, on ne surprit jamais chez elle une parole, un geste contraires à la modestie.

On peut dire que sa personne tout entière respirait la pureté. On ne pouvait non plus la voir ou l'approcher, sans être saisi d'un sentiment de respect et de vénération. Les grandes œuvres qu'il lui fut donné de réaliser prouveraient à elles seules combien cette pureté plaisait à Dieu, combien sa virginité était féconde.

La prudence du serpent s'unissait dans cette âme à la simplicité de la colombe. On l'interrogeait, on la consultait souvent sur des cas extrêmement épineux ; n'importe ! ses réponses portaient toujours le cachet d'une sagesse vraiment céleste. D'un seul mot, l'humble converse résolvait les plus graves difficultés, indiquant avec une simplicité, une droiture extrême, la vraie marche à suivre. Il n'y a pas une seule occasion où l'on ait trouvé son jugement en défaut, si bien que la Mère Prieure avait fini par ne plus rien faire sans prendre son avis, mesure dont elle n'eut jamais lieu de se repentir.

L'admirable simplicité de la chère petite sœur n'était que l'expression de sa franchise. « Notre Seigneur, disait-elle, déteste toute espèce de duplicité ou d'ambiguïté. Il n'aime que les âmes droites ». Cette même simplicité se manifestait en toutes rencontres. A certains moments, on l'aurait prise pour une enfant dans ses paroles, son air et même sa démarche. Elle avait un sourire si candide, un charme si pénétrant qu'il était difficile d'y résister. Dans la Communauté, elle était la joie même de la récréation, et nulle ne l'égalait pour glisser de temps à autre, au milieu d'une plaisanterie, d'un amusement innocent, une parole salutaire et instructive. On ne l'a jamais vue, ne fût-ce qu'un instant, ou oisive ou occupée d'elle-même. Penser aux autres, et se dépenser pour le prochain, telle était sa vie. Les ouvriers de Bethléem avec lesquels elle se trouva continuellement en contact, pendant la construction du monastère, résumaient d'un seul mot, après sa mort, ce qu'elle avait été pour eux. « Nous avons perdu notre cœur ! » s'écriaient-ils. Rien de plus exact ; elle était en effet le cœur et l'âme aussi bien de l'ouvrage que de tous ceux qui eurent le bonheur de la connaître.

Il n'est donc pas surprenant qu'avec de pareilles vertus, avec un naturel aussi exquis, la sœur Marie de Jésus Crucifié ait exercé une influence considérable.

Du reste, lorsqu'elle avait mission de dire quelque chose de la part de Notre-Seigneur, il y avait tant de majesté dans toute sa personne, tant de feu dans son regard, tant d'autorité dans le ton de sa voix qu'il était impossible de ne pas se soumettre, de ne pas éprouver une crainte respectueuse et salutaire. Il devenait évident que ce n'était plus la petite carmélite qui parlait, mais quelqu'un de plus puissant qu'elle dont elle était l'interprète.

Ce n'est pas dans ces seules occasions, mais habituellement, que se révélait l'ascendant de son esprit. Elle en usait pour éclairer ceux qui la consultaient, pour raffermir les chancelants et enseigner à tous les divers degrés de la perfection.

Combien d'âmes furent ramenées par là dans le droit sentier ! Combien d'autres elle arracha ainsi au découragement ou consola dans leurs peines intérieures ! Bref, on ne pouvait l'écouter quelques instants sans se sentir meilleur, plus fort.

Dans ce ministère d'édification, dans cet apostolat de tous les jours, la servante de Dieu montrait pour certaines âmes une prédilection particulière, veillant attentivement sur elles, comme le fait une mère sur ses enfants. Elle était à leur égard pleine d'exigences. Le glaive à la main, elle s'appliquait à trancher sans merci tout ce qui restait en elles de trop humain, de trop terrestre, à supprimer, en un mot, tout obstacle capable d'arrêter leur progrès spirituel. Ces âmes ont voué à sœur Marie de Jésus Crucifié une reconnaissance éternelle, et sont convaincues qu'à cette heure elle jouit au Ciel d'une gloire exceptionnelle.

MONTPELLIER. — MANUFACTURE DE LA CHARITÉ

www.ingramcontent.com/pod-product-compliance
Lightning Source LLC
LaVergne TN
LVHW050648090426
835512LV00007B/1086